课后半小时

小学生阶段阅读

文化基础 ✕ 自主发展 ✕ 社会参与

概念之书

课后半小时编辑组 ■ 编著

一切问题的终极答案

031

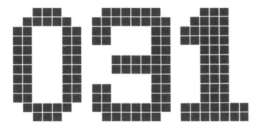

北京理工大学出版社
BEIJING INSTITUTE OF TECHNOLOGY PRESS

U0358650

第 1 天 万能数学 〈数学思维

第 2 天 地理世界 〈观察能力 地理基础

第 3 天 物理现象 〈观察能力 物理基础

第 4 天 神奇生物 〈观察能力 生物基础

第 5 天 奇妙化学 〈理解能力 想象能力
化学基础

第 6 天 寻找科学 〈观察能力 探究能力

第 7 天 科学思维 〈逻辑推理

第 8 天 科学实践 〈探究能力 逻辑推理

第 9 天 科学成果 〈探究能力 批判思维

第 10 天 科学态度 〈批判思维

文化基础 ◀ 科学基础 ———— 科学精神 ———— 人文底蕴

核心素养之旅
Journey of Core Literacy

　　中国学生发展核心素养，指的是学生应具备
的、能够适应终身发展和社会发展的必备品格和
关键能力。简单来说，它是可以武装你的铠甲、
是可以助力你成长的利器。有了它，再多的坎坷
你都可以跨过，然后一路登上最高的山巅。怎么样，
你准备好开启你的核心素养之旅了吗？

第 11 天 美丽中国 〈传承能力

第 12 天 中国历史 〈人文情怀 传承能力

第 13 天 中国文化 〈传承能力

第 14 天 连接世界 〈人文情怀 国际视野

第 15 天 多彩世界 〈国际视野

第 16 天 探秘大脑 〈反思能力

第 17 天 高效学习 〈自主能力 规划能力

学会学习 ┈┈ 第 18 天 学会观察 〈观察能力 反思能力

第 19 天 学会应用 〈自主能力

第 20 天 机器学习 〈信息意识

自主发展 ———

第 21 天 认识自己 〈抗挫折能力 自信感

健康生活 ┈┈ 第 22 天 社会交往 〈社交能力 情商力

社会参与 ◀ 责任担当 ———— 实践创新 ———— 总结复习

第 23 天 国防科技 〈民族自信

第 24 天 中国力量 〈民族自信

第 25 天 保护地球 〈责任感 反思能力
国际视野

第 26 天 生命密码 〈创新实践

第 27 天 生物技术 〈创新实践

第 28 天 世纪能源 〈创新实践

第 29 天 空天梦想 〈创新实践

第 30 天 工程思维 〈创新实践

第 **31** 天 概念之书

卷首

　　这个世界上总是有无数个问题：什么是诸子百家？春节为什么要吃饺子？怎么计算？山脉是怎么形成的？细胞又是什么？怎么用工程思维解决问题？怎么提高学习效率？压载水舱和鱼有什么相似之处？线上消费又有什么优势？从最基础的文化知识，到你我身边的实际应用，一切问题都经历了一代又一代人的思考和破解，然后给出来最能说服世人的答案。

　　这么多答案，有的在历史里，有的在数字中，有的在复杂的大脑里，而现在，它们全都在这本概念之书里。

　　这不是一本词典，但是囊括了 30 本书里的精华。你每天抽出来的半小时，已经让你收获了很多很多的知识，无论是深厚的人文底蕴还是丰富的科学精神，无论是高效的学习方法还是健康快乐的生活指南，都让你从中收获了大量的知识，学到了责任担当，丰富了创新实践，成为征服核心素养之旅的勇士。

　　现在，是摘取胜利果实的时刻了，快打开这本概念之书，去看看一切问题的终极答案吧！

人文底蕴

人文底蕴是中国学生发展核心素养中文化基础的一大方面，在这段旅途中，我们一起探索了美丽中国——我们的家园，体会了上下五千年的历史和文化，还一起看见了丰富多彩的世界。你学习了人文领域的知识，感悟了人文情怀。现在，我们就一起去看一看这个领域里你积累的知识吧！

本节内容节选自《美丽中国》《中国历史》《中国文化》《连接世界》《多彩世界》等。

百家争鸣

春秋战国时期，中国知识分子中涌现出诸多学派。这些学派人物或游说各国，或著书立说，或相互辩论，出现了百家争鸣的局面。

儒家

先秦诸子百家之一，尊崇礼乐和仁义，是中国古代最有影响的思想学派，代表人物有孔子、孟子等。

道家

先秦诸子百家之一，主张道法自然，代表人物有老子、庄子等。

法家

先秦诸子百家之一，是中国历史上提倡以法治为核心思想的重要学派，代表人物有李斯、韩非等。

墨家

先秦诸子百家之一，主张人与人之间平等相爱（兼爱），反对侵略战争（非攻），以墨子为代表人物。

董仲舒

西汉思想家、政治家和教育家，主张"独尊儒术"，后被汉武帝采纳，使儒学成为中国社会正统思想。

唐宋八大家

指的是唐代的韩愈、柳宗元和宋代的欧阳修、王安石、苏洵、苏轼、苏辙、曾巩。他们先后掀起的古文革新浪潮，使诗文发展的面貌焕然一新。

鱼

鸡肉

程朱理学

是由程颢、程颐兄弟创建，而在朱熹手中集大成的宋代理学的主要派系，是中国封建社会中、后期最重要的儒家学派。

春节

农历的正月初一，春节前一天的夜晚叫除夕，要吃年夜饭：北方要吃饺子，南方大部分地区要吃年糕、鱼、肉等菜。

年糕

元宵节

农历正月十五是元宵节，又称上元节，起源于西汉时期，是中国的传统节日。正月十五是新年中的第一个月圆之夜，这一天人们要吃汤圆或元宵，参加赏灯、猜灯谜等活动。

汤圆

饺子

寒食面

寒食粥

寒食节和清明节

寒食节相传是晋文公为悼念介子推而设立的。这天不能用火，要吃冷食，主要吃寒食粥、寒食面。寒食节过后就是清明节，在这一天，人们会吃青团，祭奠祖先，和家人一起去踏青。

青团

端午节

农历五月初五是端午节，传说是为了纪念楚国诗人屈原。端午节主要有赛龙舟、采艾叶和菖蒲、为孩子佩香囊、喝雄黄酒等习俗。这一天家家都要包粽子。

粽子

中秋节

农历八月十五是中秋节，这天恰在秋季的中间，所以被称为中秋。古代就有在中秋节这天祭月、赏月、吃月饼、饮桂花酒的习俗，一直流传至今。

月饼　　桂花酒

商朝的觥

重阳节

农历九月初九是重阳节。古时候，人们会在这一天出游赏秋、登高望远、赏菊、饮菊花酒、吃重阳糕。如今，九月初九被定为尊老、敬老的节日。

重阳糕　　菊花酒

长安

位于如今的陕西西安，是中华文明史上最负盛名的著名都城，陆上丝绸之路就是以长安为起点的。

青铜器

一种用途广泛的器物。商周时期，青铜器主要分为生产工具、生活用具、兵器、礼器、车马器等。

甲骨文

契刻于龟腹甲或牛肩胛骨之上的文字，也是目前所知中国年代最早的成熟文字系统。

布达拉宫

位于西藏拉萨，被誉为"世界屋脊的明珠"。前身是公元 7 世纪松赞干布修建的宫殿，后来经过重建、扩建等，才有了如今的规模。

敦煌壁画

壁画是敦煌石窟艺术的重要组成部分，规模巨大，数量繁多，内容丰富，技艺精湛。

兵马俑

秦始皇陪葬坑里的兵俑和马俑。

花钿

古代女子贴在额头上的花饰。

梅花妆

传说南朝的寿阳公主在屋檐下休息，一阵微风吹来，一朵梅花落在她的额间，等她醒来时，发现梅花在她的额间留下了淡淡的花痕，且久洗不掉。后来，宫女竞相模仿这样的妆容，并称之为梅花妆。

马褂

满族传统服饰，是一种穿于袍服外的短衣，适合骑马时穿着，所以叫作马褂。

马蹄袖

清代礼服袖端特有的装饰，呈马蹄形，平时上翻，行礼时放下。

傣族竹楼

傣族竹楼是用竹子和木头建造而成的干栏式房屋。西双版纳属于热带季风气候，降雨量大，因此人们用十根木柱将房屋架离地面，防止潮湿对人体的侵害。

客家土楼

客家土楼是使用木构架承重、泥土做墙的多层建筑，属于聚居式建筑。土楼形式多种多样，有圆楼、方楼、五凤楼等类型。

藏族碉房

藏族碉房是用木构架承重、土石做墙的楼房建筑。底层一般用来圈养牛马，人们通常住在楼上。

徽州民居

大多是依山傍水而建，丰富多变的屋面和山墙、灰瓦白墙的色彩是徽州建筑的主要特色。

蒙古包

蒙古包又叫毡包，是一种方便拆卸和携带，用羊毛毡子等材料搭建的房子，被以蒙古族为代表的草原诸游牧民族普遍使用。

窑洞

窑洞是人们利用土崖挖出横向洞穴修建而成的房屋。窑洞的顶一般为拱形，窑口常用土坯或砖砌成。窑洞结构简单，冬暖夏凉，是中国黄土高原上的特色民居建筑。

一颗印

一颗印属于三合院式的民居，由正房和厢房组成，整栋房子看上去就像一块方正的印章。这种房屋多见于云南、安徽等地。

四合院

四合院又叫四合房，是指古人在四周建造房屋，将庭院围在中间的院落。

京剧

中国最具代表性的戏曲种类之一，被视为中国的国粹。

邗沟

中国历史上有记载的第一条人工运河，是大运河最早开发的一段。

驿站

古代为驿使、官员、信差等提供服务的机构，驿站还可以提供食宿和换马的服务。

莫高窟

俗称千佛洞，位于甘肃敦煌，是世界上现存规模最大、内容最丰富的佛教艺术胜地。

《兰亭集序》

作者是王羲之，共 324 字，28 行，每个字的笔法都变化万千，被世人称为"天下第一行书"。

四大发明

指的是中国古代四大发明，分别是指南针、造纸术、印刷术和火药。

《山海经》

我国先秦时期的古籍，是我们研究古代神话不可多得的著作之一，其主要记述的除了神话，还有地理、物产、巫术、宗教、医药等很多方面的内容。

二十四节气

二十四节气是中国人通过观察太阳周年运动，认知一年中时令、气候、物候等方面变化规律所形成的知识体系和社会实践。

丝绸之路

西汉时期，汉武帝曾派张骞出使西域，同时也开辟了从长安（今陕西西安）、洛阳为起点，联通中亚、西亚乃至地中海各国的商路，这就是丝绸之路。

马可·波罗

马可·波罗出生在威尼斯一个商人家庭，相传他 17 岁那年，随着父亲和叔叔前往中国，历时约四年，终于到达了元朝的首都。他的旅游纪实被写成了一本书《马可·波罗游记》，记述了他在中国各地的见闻，尤其详细记述了元大都的经济文化、民情风俗。

玄奘西行

公元 629 年，玄奘从长安出发，沿着丝绸之路向西行进，最终到达印度，在那烂陀寺学习了五年，然后带着大量佛经、佛像以及珍贵的作物回到了长安，前后历时十七年，行程达五万里。

郑和下西洋

明初时，明成祖朱棣派郑和组建船队，南下西洋，以贸易为名，向世界展示明朝的国力。郑和七次下西洋，到过三十多个国家和地区，最远到达东非和红海。

遣唐使

指的是古代日本派遣到唐朝学习先进律令制度、文化艺术、科学技术等内容的使团。其中一位非常著名的日本留学生就是阿倍仲麻吕，他为中日文化交流做出了杰出的贡献。

洋务派

清朝晚期重要的一派政治势力，他们认为引进西方的先进技术，才能使清朝强大起来。因此洋务派相继在中国大地上创办了一批近代军事工业、民用企业和新式学堂等。

秦始皇

嬴政，在公元前 221 年建立了中国历史上第一个大一统王朝——秦朝，也成为中国历史上第一个"皇帝"。他在位期间，修长城、修驰道，统一货币、度量衡，实行了许多有利于大一统的措施和制度。但是他好大喜功，横征暴敛，致使民怨沸腾。

宋太祖

赵匡胤，宋朝开国皇帝。最初为后周将领，因为战功升至殿前都点检，统领禁军。后发动"陈桥兵变"，夺取后周政权，建立宋朝。

汉高祖

刘邦，参与了秦末推翻秦王朝的起义，后来又在楚汉之争中击败项羽，建立了汉朝，是汉朝的开国皇帝。

隋炀帝

杨广，是隋文帝的儿子，也是隋朝第二位皇帝。他在位期间营建洛阳，开凿大运河，修缮长城等，但是他穷兵黩武，沉湎酒色，滥用民力，以致民不聊生，最终激发民变。

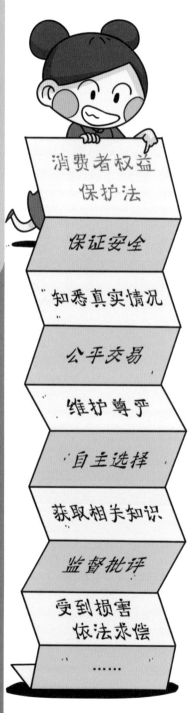

货币

指在商品交换过程中分离出来的固定充当一般等价物的商品。

法定货币

指不代表实质商品或货物，只依靠政府法律使其成为合法流通的货币。

通货膨胀

指一定时间内一般物价水平的持续上涨现象。

价格弹性

指价格变动引起的市场需求量的变化程度。

沉没成本

指以往发生的，但与当前决策无关的费用。

消费者

指以生活为目的而购买使用商品和服务的个体社会成员。

恩格尔系数

饮食、娱乐、学习……这些都是人的需求，各种不同需求的消费支出在消费总支出中占的比重叫作消费结构，其中食品支出占总支出的比重就是"恩格尔系数"。

边际递减

指开始的时候收益值很高，而越到后来收益值就越少。

边际递减效应

指刚开始的时候满足感很强，随着数量的增加，快乐感越来越弱。

社会生产

指人们创造物质财富和精神财富的过程。社会生产的目的是满足人们物质文化生活的需要。

科学精神

在这 30 天里，你积累了大量的科学基础知识，认识了很多科学家，了解了他们敢为人先、不言放弃的科学故事，也感受到了实事求是、勇于探索、理性批判的科学精神。科学精神是核心素养中颇为重要的一方面，现在让我们一起再回顾一下吧！

本节内容节选自《万能数学》《地理世界》《物理现象》《神奇生物》《奇妙化学》《寻找科学》《科学思维》《科学实践》《科学成果》《科学态度》等。

数量

指事物的多少，比如说"10只小鸡"里面，"10"就表示小鸡的数量。

数字符号

我们常常用数字符号来表示数量，我们现在使用的数字符号是阿拉伯数字，也就是"1、2、3……"，它是全世界通用的。

结绳记数

用绳子打结的方式来记数，比如要记下两个野果，就在一条绳子上打两个结。

算筹

使用小木棍计算的一种简单有效的计算工具。

珠算

使用算盘，配合口诀通过拨动算珠进行计算。

整数

0 和自然数都是整数，自然数就是我们数物体数量时用的 1、2、3、4、5、6……

十进制

每满十个数进一个单位，十个一进为十，十个十进为百，十个百进为千等。

小数

把整数1平均分成10份、100份、1000份等,得到的数就是小数。每个小数由整数部分、小数点和小数部分组成,0.2是小数,1.56也是小数。

小数比大小

先比较整数部分,如果整数部分相同时,依次往后比较小数部分的十分位、百分位……,直到比出大小来。比如,2.86就要比2.85大。

加法

指的是将两个或者两个以上的数合起来,变成一个数。比如,把1和1合起来,就可以得到2,用加法表示就是1+1=2。

乘法

把相同的数加起来的快捷方式。比如把3个5加起来,用加法表示就是5+5+5=15,用乘法表示就是5×3=15。

减法

从一个数中减去另一个数的运算,比如我们从5个苹果中拿走2个,剩下3个苹果,用减法表示就是5-2=3。

除法

用一个数去分另一个数的运算。比如3个小朋友分9个苹果,一个人可以分到3个苹果,用除法表示就是9÷3=3。

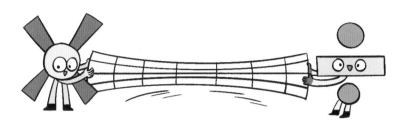

尺度

尺度是看待事物的一种标准，常见的尺度有时间、高度、长度、质量等。

加法交换律

两个数相加，交换这两个数的位置，和不变。比如1+2=2+1。

乘法交换律

两个数相乘，交换这两个数的位置，积不变，也就是说1×2=2×1。

正方形

长方形

平面图形

所有点都在一个平面的图形，在照片上、纸上的图形都是平面图形。常见的平面图形有三角形、正方形、长方形、圆形等。

立体图形

由一个面或者多个面组成的几何图形，比如正方体、长方体、棱锥、圆柱等，生活中的书本、水桶等都是立体图形。

常量

指实验中固定不变的、相同的量。比如要观察温度对种子发育的影响，除了温度以外，种子的种类、数量等，都是要保持不变的量，即常量。

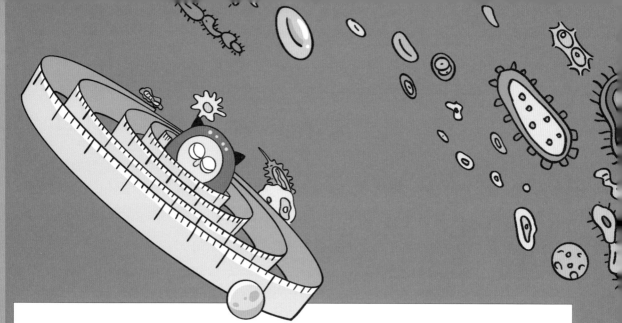

变量

指实验中可以改变的、有区别的量。比如要观察温度对种子发育的影响，温度就是一个可以改变的量，即变量。

概率

用于反映随机事件出现的可能性大小。随机事件是指在相同条件下，可能出现也可能不出现的事件。

扇形统计图

是指以一个圆的圆心为轴进行切割，表示出不同的内容在整体中所占比例的统计图形。

条形统计图

使用宽度相同的条形的高度或长短来表示数据多少的统计图形。

平均数

是一组数据中所有数据之和除以数据的总个数所得的值。

中位数

当按照从小到大顺序排列的一组数据的个数为偶数时，最中间的两个数据的平均值是中位数；当个数为奇数时，最中间的那个数就是中位数。

地球自转

地球绕着地轴保持旋转，这种旋转就是地球自转。地球自转产生了昼夜交替。地球自转的轨道面就是赤道面。

地球公转

地球绕着太阳进行自西向东地旋转，这就是地球公转。地球公转的轨道面就是黄道面。

变质岩

高温或者高压的条件使岩石变质，将其转换成另一种岩石，这种岩石就是变质岩。

地球内部圈层

指的是从地面往下直到地心的各个圈层，包括地壳、地幔、地核。

地壳

地球内部圈层的一部分。它是由各种固态岩石组成的，大陆地壳比较厚，大洋地壳比较薄。

沉积岩

由其他岩石的碎屑和生物的残骸所形成的岩石。

岩浆岩

由岩浆冷却凝固而形成的岩石。

黄赤交角

黄道面与赤道面之间有一个大小为 23° 26′ 的夹角，叫作黄赤交角。

大陆漂移学说

指魏格纳提出的解释地壳运动和海陆分布、演变的学说。大陆漂移学说认为地球上所有大陆在中生代以前曾经是统一的巨大陆块，中生代开始分裂并漂移，逐渐到达现在的位置。

板块构造学

地球上的陆地和海洋（海底）不是一个整体，而是分割成了许多块，我们称之为"板块"。

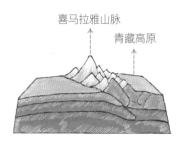

喜马拉雅山脉
青藏高原

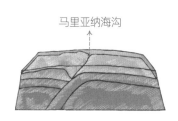

马里亚纳海沟

板块运动

板块之间相互碰撞、挤压，就会形成山脉。大洋板块和大陆板块的碰撞，往往会导致大洋板块俯冲到大陆板块下面，所以会在板块交界处形成深深的海沟。如果板块之间张裂开来，就会形成巨大的裂谷或海洋。

地貌

地球表面各种形态的总称，有河流地貌、冰川地貌、海岸地貌、黄土地貌、喀斯特地貌等。

地质作用

地貌的主要成因，包括内力作用和外力作用。内力作用包括岩浆活动、地壳运动和变质作用。外力作用包括风化、侵蚀、搬运、沉积。

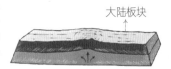

大陆板块

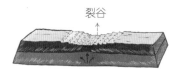

裂谷

海洋

科学精神

洋流

是指海洋表层的海水沿着一定方向，常年大规模、稳定而有规律的运动。根据温度，洋流可以分为暖流和寒流。

季风洋流

北印度洋海域的风向会随着季节变化而变化，夏季盛行西南季风，洋流顺时针运动；冬季盛行东北季风，洋流逆时针运动。遵循这一规律的洋流，就叫作季风洋流。

水

地球表面积的百分之七十多都被海水覆盖，海水占地球水体的 96.5%，冰川水、湖泊水、生物及大气水等组成了剩余的 3.5%，也就是我们通常所说的淡水资源。

水循环

地球上各种形态的水，在太阳辐射、地球引力等作用下，通过水的蒸发、水汽输送、凝结降落、下渗等环节，不断发生的周而复始的运动过程。

海洋资源

自然资源分类之一，是指海洋中的生产资料和生活资料的天然来源。

海洋污染

指因人类改变了海洋原来的状态，使海洋生态系统遭到破坏。

海洋灾害

是指海洋自然环境发生异常或激烈变化。

大气层

地球最外部的气体圈层，包围着海洋和陆地，分为对流层、平流层和高层大气。

天气

指某一个地区距离地表较近的大气中的各种自然状态，包括风、云、雾、雨、雪、霜等各种要素。

大气运动

指不同地区、不同高度之间的大气进行热量、水分的互相交换，并以此形成各种天气现象和天气变化的总称。

热力环流

大气运动的一种，是由于地面冷热不均而形成的空气环流。由于大气中的热力环流造成了同一高度的不同压力，使空气从高压区流向低压区，这一大气运动叫作风。

气候

指一个地区多年的天气平均状况。和多变的天气相比，一个地区的气候状况是相对稳定的。我们通常会用一个地区各月气温和年降水量平均值来表示气候状况。

大气保温作用

大气层会反射地面向外辐射的热量，让绝大部分热量再次回到地面，起到了保温作用。

大气削弱作用

大气层可以吸收、反射和散射太阳辐射，使能够到达地面的太阳辐射大大减少，保护了地球上的生物。

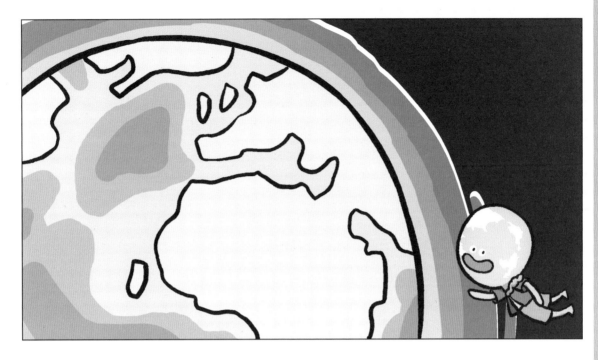

世界

地球村就是我们的世界。在地理层面上，世界分为七大洲和四大洋，七大洲分别是亚洲、欧洲、非洲、北美洲、南美洲、大洋洲和南极洲，四大洋分别是太平洋、大西洋、印度洋和北冰洋。

欧洲

欧洲位于东半球西北部，有很多国家，很多有名的城市都集结在这里，比如阳光灿烂的巴黎、公园城市瑞士、浪漫水都威尼斯等。

亚洲

亚洲是世界上最大的洲。它的总面积超过 4400 万平方千米，地形复杂多样。同时，亚洲也是全世界人口最多的一个洲。由于亚洲地域辽阔，为了便于认识，人们就按照地理方位把亚洲分为了东亚、东南亚、南亚、西亚、中亚和北亚六个地区，每一个地区都有着自己的特色。

非洲

非洲位于欧洲南边、亚洲西边，这里的野生动物数量和种类居世界之首。一年分干湿两季，因此每年都会上演动物大迁徙。

北美洲

北美洲是世界第三大洲，仅次于亚洲和非洲。那里名山遍布，西部是著名的落基山脉，东部是古老的阿巴拉契亚山脉，中部的密西西比河平原被世界第四大河流密西西比河冲积而成。

南美洲

南美洲在北美洲的南边，大部分地区位于热带，有着世界上最大的平原——亚马孙平原，世界上最大的高原——巴西高原，还有世界上最大的热带雨林。

南极洲

南极洲位于地球的最南端，也是世界上海拔最高的洲。因为常年寒冷，南极洲又被称作"冰原大陆"。在南极洲 2000 米厚的冰盖层下，蕴含着丰富的资源。

大洋洲

大洋洲四面环海，里面有世界上唯一一个独占一块大陆的国家——澳大利亚，澳大利亚和周围的岛屿一起组成大洋洲。

银河系

在宇宙大爆炸之后诞生的一个巨型棒旋星系，包含约1200亿颗恒星，太阳就在其内。

太阳系

是以质量很大的太阳为中心，以太阳巨大的引力维持着周边行星、卫星、小卫星和彗星绕其旋转的天体系统。

八大行星

是指太阳系的八颗大行星，按照离太阳的距离从近到远，它们依次为水星、金星、地球、火星、木星、土星、天王星、海王星。

日食

又叫日蚀，是因为月球运行到太阳和地球中间，三者处于一条直线时，月球挡住了太阳射向地球的光，阴影投射到地球上而发生的现象。

月食

月球运行到地球的阴影中，与地球呈一条直线时，地球挡住了太阳射向月球的光而发生的现象。

地球

太阳系八大行星之一，是目前宇宙中人类已知存在生命的唯一天体，是包括人类在内的上百万种生物的家园。

彗星

彗星由冰冻物质组成，分为彗核、彗发、彗尾三部分。中国古人认为彗星运行时的形状形似扫把，所以也称彗星为"扫把星"，认为彗星的出现预示着灾难的降临。

流星

流星在天空炫目地燃烧，发出美丽的光芒。如果燃烧不完全，会落到地面上成为陨石。

细胞

是生命活动的基本单位，主要包括细胞质、细胞核和细胞膜三部分。无论是植物、动物，还是平时看不见的微生物，所有的地球生命都离不开细胞，细胞的一生有出生、成长、繁殖、衰老和死亡五个阶段。

真核细胞

指有细胞核的细胞，分为动物细胞和植物细胞。

细胞分裂

一个细胞一分为二，变成了两个细胞，这就是细胞分裂，细胞就是这样增多的。

生态系统

地球上的生物之间彼此也是互相联系和影响的，它们和地球上的环境密切结合，构成了一个统一的整体，这就是生态系统。

细胞分化

有些细胞会分裂出形状、结构和功能完全不同的两个细胞，这就是细胞分化。

原核细胞

没有细胞核的细胞，它只有一团拟核，拟核的作用与细胞核类似。由原核细胞构成的生物就是原核生物，比如细菌就是一种原核生物。

生物群落

通常来说，生物不是单一出现的，而是组合起来的，只要条件合适，任何区域内都会出现一定的生物组合，这就是生物群落。生物群落包括区域内的所有动物、植物和微生物。

植物

植物是生物的一个种类，你平时见到的树木、小草、花朵都是植物，常见的植物有藻类植物、苔藓、蕨类植物等。

动物

动物也是生物的一个种类，包括脊椎动物和无脊椎动物。

脊椎动物

脊椎动物有由脊椎骨组成的脊柱，常见的脊椎动物有哺乳动物、鱼类、鸟类、爬行动物、两栖动物。

无脊椎动物

没有脊柱的动物，包括腔肠动物、扁形动物、线形动物、环节动物、软体动物、节肢动物等。

变温动物

体内没有自身调节体温的机制，只能通过行为来散热或吸热的动物。

微生物

肉眼看不到的微小生物就是微生物，大多数细菌、病毒和真菌都是微生物。

显微镜

由一个或几个透镜的组合构成的一种光学仪器，主要用于放大微小物体以便肉眼可观察到。

恒温动物

体内有自身调节体温的机制，体温不随环境温度的改变而改变的动物。

生殖

生殖就是通过繁衍使种族延续下去。生命体最常见的生殖方式是将雄性和雌性双方的生殖细胞结合在一起。雄性能提供精细胞，雌性能提供卵细胞。精细胞和卵细胞结合形成受精卵，再发育成新的生命。

胎生

动物的受精卵在雌性动物体内的子宫里发育成熟并生产的过程叫胎生。胎生可以保证受精卵的安全，提高后代存活的概率。

着床

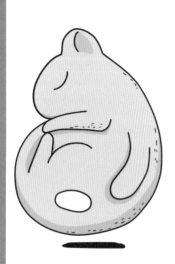

受精卵一开始会在妈妈的身体里旅行，居无定所，靠自己身体里的卵黄获取营养。直到在妈妈的子宫里找到舒适的位置，它便定居下来，这就叫"着床"。

卵生

卵生是在受精卵还没成形的时候就生出来了，也就是直接把受精卵生出来了。

疫苗

是为了预防、控制疾病的发生、流行的生物制剂。中国在 16 世纪的时候就发明了一种人痘接种法，就是利用患病人身上痘疮中的痘浆，让健康的人染上轻微天花，这样康复之后就不会再患天花了。

基因

遗传信息存在于 DNA（脱氧核糖核酸）中，DNA 存在于染色体中，染色体存在于细胞核中。带有遗传信息的 DNA 片段就是基因，我们可以简单地理解为，基因就是遗传信息。

抗生素

抗生素是由微生物或某些动植物在生活过程中产生的特殊自然物质，这种物质具有抗菌作用，青霉素就是一种抗生素。

神经元

指神经元细胞，是神经系统最基本的结构和功能单位。分为细胞体和突起两部分。

神经系统

指机体内对生理功能活动的调节起主导作用的系统，主要由神经组织组成。

非条件反射

指外界刺激与有机体反应之间与生俱来的固定神经联系，反射弧完整，在相应的刺激下，不需要后天的训练就能引起的反射性反应。

条件反射

指在一定条件下，外界刺激与有机体反应之间建立起来的暂时神经联系，是后天形成的。

神经可塑性

指大脑结构可受重复性的经验影响而发生改变的特性。

神经纤维

是大脑和各个器官之间的信号"传输线"，大脑发出指令，然后通过神经纤维传到各个器官。

中枢神经系统

包括脊髓、脑和一些神经纤维，脑又包括大脑、小脑和脑干。中枢神经系统在人体活动中起着重要的主导作用。

大脑皮层

就是大脑外面薄薄的一层"表皮"，可以发出控制身体活动的电流脉冲。大脑皮层分成了不同区域，包括躯体运动中枢、躯体感觉中枢、听觉中枢、视觉中枢、嗅觉中枢、语言中枢等。

海马体

是大脑中具有短时记忆的储存、转换等功能的结构。

声音

物体振动时会产生声波，声音就是以声波的形式传播的。声音有三大特征，分别是音调、响度和音色。

赫兹

在物理学中，我们用"频率"来描述物体振动的快慢，频率的单位是"赫兹"（Hz）。人的耳朵只能听到 20~20000 赫兹之间的声音。

共振

当一个物体振动发声以后，如果不再对它施加外力，那么它就会进入自由振动状态。自由振动也叫固有振动，此时的振动频率就叫固有频率。如果两个物体有相同的固有频率，敲响其中一个物体，另一个物体也会发出声响，这就是共振。

声音反射现象

声音在传播过程中，如果遇到了障碍物，就会被反射，回声就是声音反射现象的一种。

次声波

低于 20 赫兹的声波就是次声波。次声波能量强大，可以造成很大的破坏，但是合理地利用也能让次声波为我们创造价值。

超声波

频率高于 20000 赫兹的声波是超声波，人的耳朵也听不到它。人们利用超声波发明了声呐，不管多深的海底峡谷，都能被超声波探测到。人们还利用超声波诊断疾病，在医院做的 B 超，也利用了超声波。

呼～呼～呼～

光

光总是沿直线传播，在路上遇到障碍物时就会被挡住，这样被挡住的地方就只剩下黑漆漆的一片，这就是影子。光的速度很快，一秒钟能绕地球七圈。

可见光和不可见光

光是一种电磁波，人们只能看见特定波长的光，这就是可见光，其余的就是不可见光。

光的反射

光从一种介质射向另一种介质的交界面时，一部分光返回原来的介质中，使光的传播方向发生了改变，这就是光的反射。

光的折射

当光从一种介质射入另一种介质时，光的传播方向会发生改变。这样，光就在传播过程中发生了弯折。

光源

光从哪里来，哪里就是光源。存在于大自然的光，叫作自然光源；人类制造的光，叫作人工光源。

力

在物理学中，力就是物体对物体的作用。力有大有小，如果想要让你的力产生效果，就必须找到正确的"作用点"。力作用的位置就叫"作用点"。作用点的位置不同，也会影响力的效果。

作用力

力的作用是相互的，比如当你一拳打到沙包上时，你就对沙包施加了一个力。可是，打完以后，你会觉得自己的手也有痛感，这是因为沙包也对你施加了同样大小的力。

浮力

物体在液体中受到
的竖直向上的力。

重力

物体在地球上受到的引力就
是重力，重力的符号是 G，
它的方向永远竖直向下。

质量

世界上的所有东西，都是由
"物质"构成的，每个物体
中的"物质"多少，就叫作
质量。

密度

密度是物质的一种特性。不
同物质的密度一般是不同
的，但密度相同的不一定是
同一种物质。

万有引力

世间万物都有引力，引力能
够使物体相互靠近。引力的
大小和物体的质量有关，也
和物体之间的距离有关。质
量越大、距离越近的物体，
引力就越大。

万有引力定律

自然界中任何两个物体都相
互吸引，引力的方向在它们
的连线上，引力的大小与物
体的质量和二者间距离有关。

牛顿第一定律

任何物体都会保持匀速直线
运动或静止状态，直到外力
迫使它改变运动状态为止。

牛顿第二定律

物体加速度的大小跟作用力
成正比，跟物体的质量成反
比，且与物体质量的倒数成
正比；加速度的方向跟作用
力的方向相同。

牛顿第三定律

相互作用的两个物体之间的
作用力和反作用力总是大小
相等，方向相反，作用在同
一条直线上。

杠杆

让一根硬棒围绕一个固定的支点转动，就是
一个最简单的杠杆。杠杆分为等臂杠杆、省
力杠杆和费力杠杆。滑轮是变形的杠杆，定
滑轮可以改变力的方向，动滑轮可以省力。

物态变化

物质从一种状态变成另一种状态的过程，就是物态变化。这一过程伴随着热量的吸收和放出。常见的物态变化有液化、汽化等。

比热容

指的是物体吸收热量的能力。

蒸汽机

靠蒸汽驱动的机器。

电

是一种自然现象，雷电、静电都是自然界中常见到的一种电。

电流

电压推动电荷流动，电荷的定向移动形成电流。

热胀冷缩

物体受热时会膨胀，遇冷时会收缩的特性。

内燃机

汽车的发动机是最常见的一种热机，因为它需要让燃料直接在发动机气缸内燃烧才能产生动力，所以又叫"内燃机"。

热机

热机是通过燃料燃烧，将燃料的内能转化为机械能的机器。飞机、火箭、汽车和摩托车的发动机都是热机。

热岛效应

热岛效应指的是城市中心温度高于郊区的情况。

电磁波

电流可以产生磁场，电场和磁场还会互相激发，形成不断向四面八方延伸的波纹，这就是电磁波。例如消毒用的紫外线是一种电磁波，医院里用的 X 射线也是一种电磁波。

电路

金属导线和电气电子部件组成的导电回路称为电路。在电路输入端加上电源使输入端产生电势差，电路连通时即可工作。

电压

电压就是电势差。水从高处流向低处，电荷也会从"高处"流向"低处"，这个高低的差距就是电势差，也就是电压。

微粒

微粒就是微小粒子，是特别细小的颗粒，包括肉眼看不到的分子、原子、离子等。

分子

分子是一种微粒，像水、蔗糖等这些物质都是由分子构成的。分子的质量很小很小，结构也各不相同，不过分子们都有一个特点，那就是会"扩散"，这就是分子热运动，你能闻到花香就是分子热运动的原因。

原子

分子可以分解成原子，原子也是一种微粒，它由带正电的原子核和围绕着原子核、带负电的电子构成。

核聚变

几个原子核组合在一起，形成一个新的原子核，就是核聚变。氢弹就是利用了核聚变原理。

核裂变

一个原子核分裂成两个或者更多个原子核，就是核裂变，原子弹就是利用了核裂变原理。

元素

元素就是质子数相同的一类原子的总称，比如氧原子和氧离子，都属于氧元素。

离子

原子是可以得到或者失去电子的。这个时候，它就会变成带电的粒子，这就是离子。

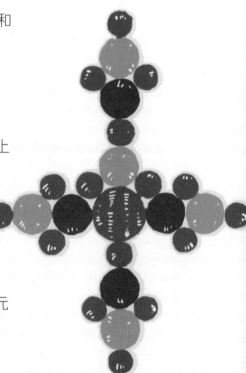

纯净物

由同一种物质组成，像空气中的氧气、氮气、二氧化碳就是纯净物。

混合物

混合物由两种或者两种以上物质组成。

化合物

纯净物的一种，由两种或两种以上元素组成。

单质

纯净物的一种，由同一种元素组成。

化学变化

有新物质生成的变化就是化学变化，又叫化学反应。一般情况下，质地和颜色发生了变化，说明有新物质生成。常见的化学变化有化合反应、置换反应、分解反应、复分解反应。

氧化反应

物质和氧发生的化学反应就是氧化反应，生成的物质叫作氧化物。

碱

碱也是一种化合物，它和酸在一起会发生中和反应。酸里的氢离子和碱里的氢氧根离子在反应中会生成水。

溶液

溶液是一种或几种物质分散到另一种物质里形成的均一、稳定的混合物，由溶质和溶剂组成。

溶解度

固体的溶解度表示某固态物质在 100 克溶剂中达到饱和状态时所溶解的溶质的质量。在一定温度下，向一定量的溶剂里加入某种溶质，当溶质不能继续溶解时，所得到的溶液叫作这种溶质的饱和溶液；还能继续溶解的溶液，叫作这种溶质的不饱和溶液。

酸

酸是一种化合物，很容易和某些活泼金属发生反应，形成盐和气体。常见的活泼金属有钙、铁、锌、铝等。而不活泼的金属，比如金、银、铜，就很难与酸发生反应。

生物调查 5 步法

进行生物调查共有 5 步。第 1 步，**观察**，观察是进行科学探究的一种基本方法，可以直接用肉眼观察，也可以借助放大镜、显微镜、望远镜等仪器观察；第 2 步，**提问**，提出你所发现的问题，和朋友们讨论这个问题有没有探究的价值；第 3 步，**假设**，根据现象或查阅到的资料做出最合理的假设；第 4 步，**实验**，设计科学实验验证你的假设，并且要注意及时记录、搜集、整理实验数据；第 5 步，**结论**，就是分析实验结果得出结论。

工程思维

工程思维就是用建造工程的方法去解决各种问题。第 1 步，**明确要研究的问题**；第 2 步，群策群力，头脑风暴，**大家一起讨论问题**，出谋献策；第 3 步，**挑选出最佳方案**，如果实在选不出来，也可以尝试选取各个方案的优点，做出一个全新方案；第 4 步，**设计**，需要提前考虑全过程，从需要的材料到完整的实施步骤，确定好每一步都要做什么，如果涉及绘画，也要在这时候画出来；第 5 步，**建造**，根据你的设计，动起手来；第 6 步，**测试**，对成果进行检测，看哪里还有不完善的地方，然后有针对性地进行修改；第 7 步，**修改**，也就是根据测试结果调整成果；第 8 步，**展示成果**，好好总结在项目进行过程中的经验和教训，分享出来以帮助自己和大家以后能更好地进行其他项目。

学会学习

韩愈曾说过："人非生而知之者，孰能无惑？"学习可以解答你对这个世界的困惑，让你变成一个博闻强识的人，但是只有掌握了正确的方法才能获得高效、快乐的学习。

本节内容节选自《高效学习》等。

帮你"记一记"

在学习新知识时，可以进行联想，把它们跟之前的知识关联起来。比如画一棵生命树，把新认识的植物和动物按类别添加到其中。

可以想办法把你想要记住的东西变成一幅图。比如把我国的地图想象成一只雄鸡，把意大利的地图想象成一只靴子。

提高你的效率!

学习的时候不要把那些容易让人分心和走神的东西放在自己身边，比如手机和平板电脑。

注意观察、了解自己的精力情况，并制定合理的学习计划。在状态好的时候集中精力学习最关键的部分，在状态一般的时候学习相对简单的部分。

保证充足的睡眠，然后在注意力集中、精力充沛的状态下高效学习。

当你昏昏欲睡或者心不在焉的时候，很难集中注意力，这时候学习，效率就会很低。可以到室外做做运动，来调节一下自己的状态。

要有好的学习方法

认真听讲，及时复习，分析错题，理解记忆，
循序渐进，梳理结构。

也要有好的学习心态

学得慢也不一定是坏事，重要的是找到自己的学习节奏，并
有效地运转起来。要确定目标，坚定信念，一点一点地
努力，没有什么事是不能完成的。一件事情没有
做成，往往不是事情本身有多难，而是我
们自己先把自己吓倒了，失去了尝试的勇气。

学会坚持!

制定明确的目标；保持专注，将注意力全部集中到当前的任务上；走
出舒适区；将你的目标和计划告诉爸爸妈妈或朋友等值得你信赖的人，
让他们来督促和陪伴你；定期总结和反思自己的行动和效果，分析自
己做得好与不好的地方，好的地方继续保持并不断强化，不好的地方
想办法改进。

健康生活

认识自我、发展身心，拥有健康生活是爸爸妈妈对我们最大的期待，同样也是发展成为一个全面的人的重要素养。我们不仅要认识生理上的自己，还要学会接纳心理上的自我，要珍爱生命、尊重他人，快乐地生活下去。

本节内容节选自《认识自己》《社会交往》等。

理性脑

情绪脑

原始脑

情绪脑

位于人类大脑的中间层，也叫"哺乳动物脑"，里面有边缘系统等结构，跟强烈的情绪反应密切相关。

理性脑

支撑着语言、思维、理解和自我控制等高级功能。

个性

每个人的性格都会有自己的特点和偏向，对于同一件事有不同的反应。我们会用五大人格描述人的个性，五大人格包括外倾性、尽责性、稳定性、开放性、宜人性。

原始脑

是最早进化出来的大脑组成部分，负责控制呼吸等本能的行为。

快乐激素

可以提高中枢神经系统的兴奋性，让我们产生愉悦感，其中最重要的就是内啡肽、多巴胺和血清素。

自我介绍

自我介绍是帮助老师、同学迅速认识和了解我们的一种方式，也能让我们更快地融入新的班集体。在自我介绍时，首先，可以用比较有趣的方式说出自己的名字；其次，可以说一下自己的兴趣爱好，吸引聊得来的朋友；最后，还可以说一下自己的特长,让老师和同学们更快地记住自己。

情绪

情绪是人在从事某件事时产生的心理活动，快乐、愤怒等都是情绪。

自然原则

社交时，要反应自然，不要畏畏缩缩不敢说话，也不要过分激动、冲动。

适度原则

回答别人的问题时，要恰到好处，让对方和自己都开心。

独立思考

在人群中，相互影响是正常的，好的影响还会起到正向的作用，但在这个过程中不要丢掉自己的思考和判断，不需要或者不应该跟随的时候要学会保持独立。

55387

大名鼎鼎的"打招呼"方式，55——代表人们打招呼时面部表情起着至关重要的作用，超过了交流总效果的一半，占到 55%；38——代表着说话时的音调因素占交流总效果的 38%；而说话的具体语言内容，其实只占其中的 7%。

内因

我们在解释一件事情时，总是喜欢找原因：做错题是因为马虎，感冒是因为降温……这其中，有些原因是跟自身有关的，比如睡懒觉、马虎，这叫内因。

校园欺凌

是发生在学校情境中、一个或多个学生对另一个或多个学生故意施加的伤害行为，且对被伤害方的身体、心理、财产等方面造成了损害。我们一定要向校园欺凌说"不"！

外因

有些是跟外界环境有关的，比如堵车、降温，这叫外因。

换位思考

指站在对方的角度看问题。

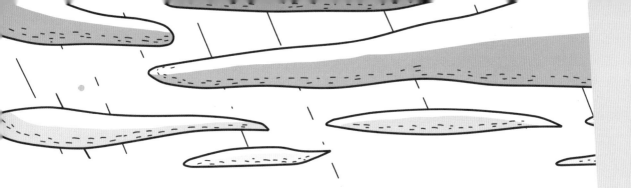

责任担当

每个人都是在社会里生存着的人，面对社会责任，要有担当意识；每个人也都是这个国家的一分子，国家认同是每个公民应该具有的意识；人类只有一个地球，各国共处同一世界，我们要加强国际理解，共造美好未来。

本节内容节选自《国防科技》《中国力量》《保护地球》等。

臭氧

大气层中的臭氧可以吸收对生物有害的紫外线和一些其他射线，是地球上生物的一把保护伞。但是人类使用的一些物品，如冰箱里的制冷剂、清洗剂等，里面含有的部分化学物质可能会在紫外线的照射下发生分解，分解产生的某些物质会和臭氧发生化学反应，导致臭氧被消耗，不断地减少。

全球变暖

指的是地球表面的大气、土壤、水、植物等的温度逐年缓慢上升。全球变暖会导致南极的冰盖融化，海边城市的人们将受到海潮和水灾的威胁。

酸雨

酸雨是燃烧煤、石油和天然气时产生的具有酸性的化学物质与大气中的水结合而形成的雨。酸雨不仅能杀死水里的生物，破坏水里的生态环境，还能破坏土壤，使植物生长缓慢，容易生病。此外，酸雨会腐蚀金属、建筑物和历史遗迹，并且会危害人体健康。

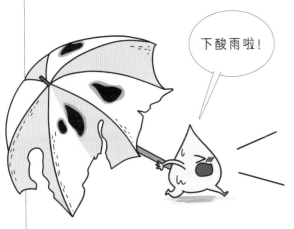

下酸雨啦！

温室气体

是指大气中能吸收地面反射的长波辐射，并重新发射辐射的一些气体，如水蒸气、二氧化碳、甲烷等。

高速列车

是指能以高速度持续运行的列车，最高行驶速度一般可以达到 200 千米 / 小时及以上。

新能源

就是可再生的、无污染的、无碳排放的能源，比如太阳能、潮汐能、风能等。

青蒿素

一种可以治疗疟疾的药品。屠呦呦也因为成功提取青蒿素而获得 2015 年诺贝尔生理学或医学奖，成为第一个获得诺贝尔奖的中国本土科学家。

传统能源

传统能源也称常规能源，指目前在技术上成熟、经济上合理、已经多年被人类大规模开采和广泛使用的能源，如煤炭、石油、天然气等。

"深海勇士"号

"深海勇士"号载人潜水器主要负责探索海洋深度4500米以内的海域。它搭载了更强劲的锂电池电机，能够实现快速上浮和下潜，更加自由、灵活，可以在短时间内完成更多的探索任务，同时它能在海底停留的时间也更长。

"天问一号"轨道飞行器

负责执行中国第一次火星探测的任务，是我国自主研制的火星探测器。

"天宫"

空间站又称太空站、航天站，中国建设的空间站叫作"天宫"。天宫每天以大约7600米/秒的超高速度，在距离地面400千米的外太空绕着地球旋转，是供航天员巡访、长期工作和生活的载人航天器，可以理解为航天员在太空里的房子。

"蛟龙"号

"蛟龙"号载人潜水器是我国第一台自主设计、自主集成研制的作业型深海载人潜水器，同时也是目前世界上下潜能力最强的作业型载人潜水器。

天眼

一架500米口径球面射电望远镜，位于中国贵州省，可以帮助我们更好地探索宇宙、认识宇宙。

"奋斗者"号

"奋斗者"号是中国研发的万米载人潜水器，充分吸取了"蛟龙"号、"深海勇士"号研制的成功经验，突破了一系列核心技术制造而成。2020年11月10日，"奋斗者"号成功到达了马里亚纳海沟的最深处，坐底深度10909米，创造了中国载人潜艇的新纪录。

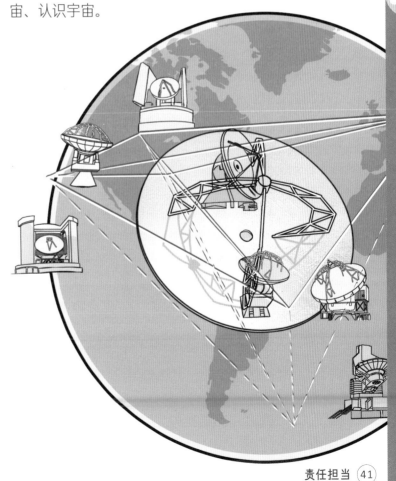

两弹一星

1964 年，中国第一颗原子弹爆炸成功；1967 年，中国第一颗氢弹爆炸成功；1970 年，中国第一颗人造卫星发射成功。

坦克

是一种军用装甲车，用履带牵引，并装备有机关枪、大炮、火箭等，被称为"陆战之王"。

装甲车

顾名思义，就是披上了装甲的车。而根据不同的需要，装甲车的样子也各有不同。其中，坦克是装甲车中最著名、也是最特别的一员。

战斗机

是用于歼灭敌方飞机和其他空袭兵器的飞机，装备有航炮、机枪、火箭、导弹等一种或多种攻击武器，以及电子对抗设备和各种自动化系统。

航空母舰

简称航母。航空母舰上不仅有舰载机、舰炮、雷达、导弹等武器装备，还有完备的生活设施。航空母舰和普通战舰的最大区别，就是航空母舰的战斗力主要体现在舰载机的质量和数量上。

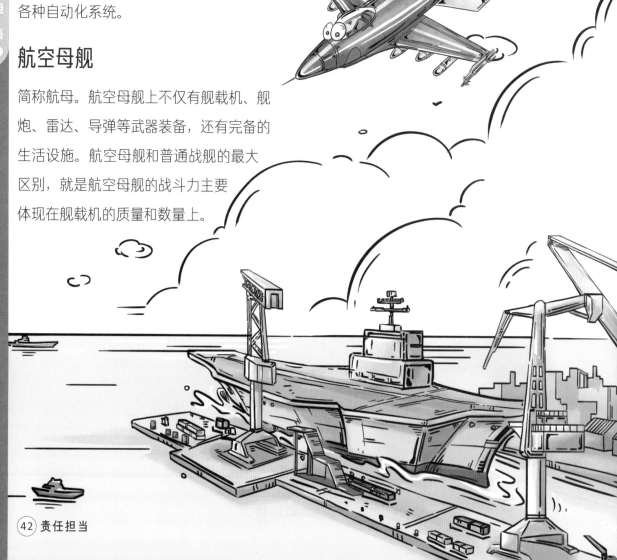

实践创新

社会进步的车轮就是由实践创新推动的，那么多新奇的发明创造造就了我们现在多姿多彩的生活。我们现在站在巨人的肩膀上，眺望着美好的未来。你的未来是什么样子的呢，你又准备怎么大显身手？

本节内容节选自《生命密码》《生物技术》《世纪能源》《空天梦想》《工程思维》等。

太空育种

就是利用太空中强辐射、微重力、高真空的太空综合环境，诱发植物种子的基因突变，从而让它们展现出不同的性状。

基因测序

是一种新型基因检测技术，能够从生物细胞中分析测定基因全序列，是人类识别病毒、诊治疾病的好帮手。

精准医疗

通过对大样本人群与特定疾病类型进行分析与鉴定、验证与应用，而精确寻找到疾病的原因，并对同一疾病的不同状态和过程进行精确分类，最终实现对于疾病和特定患者进行个性化精确治疗的目的，提高疾病诊治与预防效益。

人类基因组计划

科学家们致力于测定人类基因组的全部 DNA 序列，以期获得人类全面认识自我最重要的生物学信息，1990 年由美国率先启动，中国在 1999 年成为这个计划的第六个参与国。

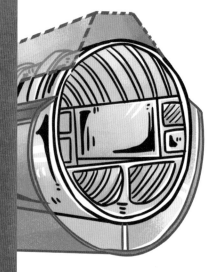

克隆

指生物体通过细胞进行无性繁殖，复制出遗传性完全相同的生命物质或生命体，有克隆羊、克隆猴等。

植物组织培养

是一种细胞工程，是指将从植物身上分离下来的器官、组织或细胞等，培养在人工配置好的营养物质里，再给它们提供适宜的培养条件，从而形成完整的植株。

压载水舱

压载水舱是人类利用鱼鳔的原理制作的放置压载水的船舱，用于调整船舶的重心位置、浮态和平稳性。

动物细胞培养

是一种细胞工程。要进行动物细胞培养，首先要从动物体内取出成块的组织，然后把这些组织打散成单个细胞，再把这些细胞放在培养瓶里，并放在适宜的条件中培养，最后把培养的细胞收集起来，就可以获得相应的动物细胞及其产物。用动物细胞培养技术构建出来的人造皮肤可以用于皮肤移植。

转基因

也叫基因工程，是指科学家将基因（DNA）从一个有机体内移植到另一个有机体内以转换成所期望的特性的过程。比如把绿色水母的基因转移到斑马鱼的受精卵中，这个受精卵就会发育成会发绿色荧光的转基因斑马鱼。

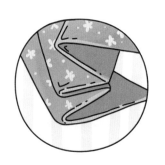

人造纤维和合成纤维

人类模仿动植物纤维，制作出了人造毛、人造棉和人造丝，涤纶、腈纶、锦纶等，都是常见的人造纤维和合成纤维。

抽水蓄能电站

是指利用电力负荷低谷时的电能将水抽至上水库，在电力负荷高峰期再放至下水库发电的水电站。它是电力系统中最可靠、最经济、容量大的储能装置，是新能源发展的重要组成部分。

西电东送

是 1996 年起我国开始实施的一项工程，就是把煤炭、水能资源丰富的西部地区的能源转化成电力资源，输送到电力紧缺的东部沿海地区。

特高压输电技术

是指交流 1000 千伏及以上和直流 800 千伏以上电压等级的输电工程及相关技术。特高压输电技术具有输送容量大、送电距离长、线路损耗低、占用土地少的特点。

石油炼制

天然石油经过石油炼制工程师和化学工程师们的一系列加工，生产出品种繁多的燃料和化工原料，这些化工原料再经过石油加工厂的继续加工，就成为我们经常用到的各种石油产品，比如汽油、煤油、沥青等。

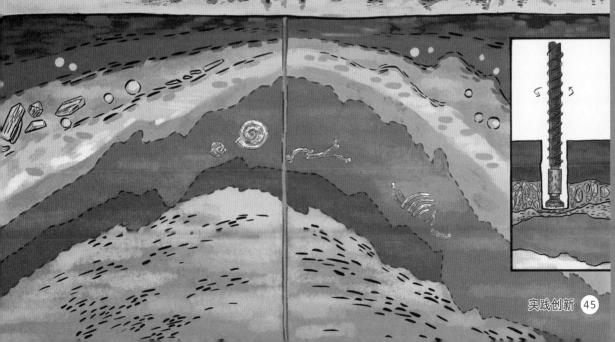

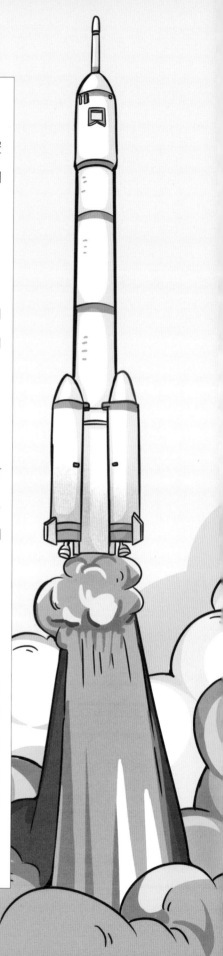

飞机

1903 年，美国莱特兄弟的自制飞机——"飞行者一号"试飞成功，开启了人类的航空之旅，标志着飞机时代的来临。

火箭

1926 年，世界上第一枚液体火箭诞生，如今，火箭已经成为我们去往太空的最常用、最便捷且唯一的交通工具。

天文望远镜

是观察天体、捕捉天体信息的主要工具，从 1609 年伽利略制作第一台天文望远镜开始，天文望远镜经过长时间的发展，观测能力越来越强。中国研发的"天眼"就是主要用来观测宇宙的射电望远镜设备。

载人飞船

是一种运送航天员到达太空并安全返回的一次性使用的航天器。

货运飞船

是一种运送货物到达太空的航天器，它是空间站补给物资的重要运输工具。

计算机

就是我们平常说的电脑，可以进行数值计算、逻辑计算，还有存储功能。我们现在的生活已经离不开计算机了。

试管婴儿

让卵细胞和精细胞在试管里相遇，结合成受精卵。受精卵发育成胚胎之后，被转移到妈妈的子宫里，然后像其他孩子一样出生、长大。因为受精过程发生在试管里，所以叫试管婴儿。

线上消费

是指在互联网上消费。线上消费在近几十年才出现，但现在已经很普遍了。线上消费的优点是省事，足不出户就可以买到各种各样的商品。

人工智能

简单来说就是人类自己制造出的智能，会讲笑话的机器人、打败围棋冠军的阿尔法围棋都是人工智能。

核武器

又叫原子武器，是利用核裂变、核聚变产生的各种效应制作而成的杀伤力、破坏性极强的武器。

　　这次核心素养的旅途要短暂地告一段落啦，你有没有发现这些知识很熟悉呢？因为你通过 30 天的阅读，已经把它们全都"收入囊中"啦。不过，书里面还有更多的知识，这个世界上也还有很多的领域等你去探索，希望你能够一直保持着这颗好奇心，去实践、去探索，然后找到你喜欢的领域，在这个世界里找到属于你的未来。

图书在版编目（CIP）数据

课后半小时 : 中国儿童核心素养培养计划 : 共31册/
课后半小时编辑组编著. -- 北京 : 北京理工大学出版社, 2023.5
　ISBN 978-7-5763-1906-4

　Ⅰ.①课… Ⅱ.①课… Ⅲ.①科学知识—儿童读物
Ⅳ.①Z228.1

中国版本图书馆CIP数据核字(2022)第233813号

出版发行 / 北京理工大学出版社有限责任公司
社　　址 / 北京市海淀区中关村南大街5号
邮　　编 / 100081
电　　话 / （010）82563891（童书出版中心）
网　　址 / http://www.bitpress.com.cn
经　　销 / 全国各地新华书店
印　　刷 / 雅迪云印（天津）科技有限公司
开　　本 / 787毫米×1092毫米　1 / 16
印　　张 / 83.5
字　　数 / 2480千字
版　　次 / 2023年5月第1版　2023年5月第1次印刷
审　图　号 / GS（2020）4919号
定　　价 / 898.00元（全31册）

责任编辑 / 陈莉华
文案编辑 / 陈莉华
责任校对 / 刘亚男
责任印制 / 王美丽